27
L. n. 19817.

SOUVENIRS

DE LA VIE ET DE LA MORT

DE

JULES-ALFRED TROLLIER,

décédé le 5 mars 1853,

A l'âge de **14** ans, **11** mois, **21** jours,
recueillis pour ses camarades les apprentis du
patronage de St.-Vincent-de-Paul.

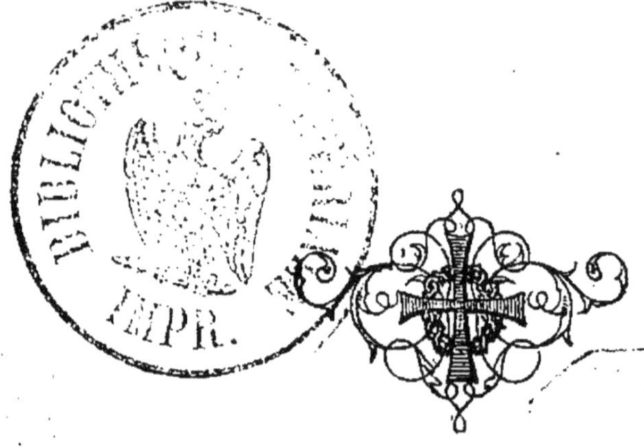

PARIS.

IMPRIMERIE DE W. REMQUET ET Cie,

Successeurs de Paul Renouard,

RUE GARANCIÈRE, 5, DERRIÈRE ST.-SULPICE.

SOUVENIRS

SUR

JULES-ALFRED TROLLIER.

BIBLIOTHÈQUE IMPÉRIALE. IMPR.

Nous avons été, chers amis, profondément
émus de l'avidité religieuse avec laquelle vous
écoutiez ce que nous pouvions vous raconter, à
l'heure même, sur les derniers instants de votre
bon camarade. Aussi, nous sommes-nous em-
pressé de répondre au désir de votre cœur, en
fixant sur le papier, avec ces détails trop incom-
plets, ceux que nous avons recueillis plus à loisir,

sur la fin précieuse de notre cher enfant et sur son humble carrière d'écolier et d'apprenti.

Plusieurs d'entre vous, il est vrai, connaissent Alfred mieux que nous ne le connaissons nous-même. Ils n'ont pu, néanmoins, le connaître aussi à fond que sa mère; Alfred, en effet, à quinze ans pas plus qu'à cinq, n'eut jamais rien de caché pour sa mère. Or, c'est de cette bonne et tendre mère que nous tenons presque toutes les particularités que nous allons vous redire.

Nous venons de signaler la naïve candeur d'Alfred. Ne l'avez-vous pas tous admirée, vous qui l'avez intimement connu? L'avez-vous surpris une seule fois cherchant quelqu'un de ces détours si communs aux [écoliers de six ans? (C'est, si je ne me trompe, depuis cet âge qu'il a été votre camarade.) Ce n'est pas étonnant! me répliquerez-vous. Pourquoi donc Alfred se se serait-il amusé à mentir? il n'avait presque jamais besoin de s'excuser. J'en conviens, Alfred n'était pas une de ces natures impétueuses que rien ne saurait empêcher de parler, de remuer à tout propos. Mais Alfred était timide, Alfred était sensible jusqu'à l'excès; un mot de réprimande était pour lui un coup terrible. Alfred essaya-t-il jamais de détourner par quelque ruse les petits reproches que le meilleur écolier s'attire quelquefois? Y répondit-il jamais autrement que par des larmes, que par une promesse respectueuse de ne les plus mériter? Mais c'est déjà trop supposer, peut-être, contre notre cher Alfred. Si nous en devions croire l'excessive modestie de cet instituteur si admirablement bon et zélé, qui fut son maître comme le vôtre, l'éducation d'Alfred se serait trouvée toute faite à son entrée dans la classe. Il y apporta (nous disait naguère ce bon maître) une angélique douceur, une application si sérieuse et si constante, une modestie si naïve et si parfaite, qu'on ne le vit jamais s'échapper à autre chose qu'à des larmes de dépit pour une leçon trop lente à se fixer dans sa mémoire, ou bien à un sourire de bonheur pour un succès rudement conquis.

Vous n'avez peut-être jamais songé, chers amis, combien coûtaient à notre Alfred et de persévérance et d'efforts, ses places de premier, ses livres à la distribution des prix. Vous ne le suiviez pas rue du Théâtre; vous ne l'y voyiez pas bataillant avec sa mère, pour se coucher une heure plus tard, afin de mettre au net le corrigé de sa dictée ; afin surtout d'apprendre ce malheureux Catéchisme, qui lui entrait si difficilement dans la tête et que pourtant il nous récitait mot pour mot, une année après sa première communion. Et ce qu'il faisait, écolier, pour ses devoirs, Alfred le continuait, apprenti, pour les analyses de l'instruction et pour les histoires du patronage. Quelque fatigué qu'il fût au retour de la réunion, Alfred n'allait se coucher qu'après s'être mis en mesure pour le dimanche suivant. Et voilà le secret de ces comptes rendus dont la fidélité nous étonnait tous. Il y en a, je le sais, parmi vous qui se lèvent à quatre heures le lundi pour écrire leur analyse ; Alfred allait au plus sûr, aussi n'arrivait-il jamais sans son cahier.

Mais parlons de cette modestie simple et profonde qui, en classe comme au patronage, doublait aux yeux de tous, et surtout aux yeux du Bon Dieu, la valeur des petits succès d'Alfred. L'avez-vous jamais observé, s'esquivant après la distribution des prix par la rue la moins fréquentée, tout occupé de consoler son frère qui n'était pas toujours aussi heureux que lui ? Tiens, mon Anatole, disait-il, prends la moitié de mes livres ; on croira que c'est toi qui les as gagnés ;

et moi, je ne dirai pas le contraire. Et pourtant cet Anatole, semblable d'ailleurs à son frère par le bon cœur et par la franchise, avait un caractère entièrement opposé. Eh bien ! ce naturel impétueux, Alfred, non-seulement le supportait sans jamais se plaindre à sa mère, mais encore le dirigeait, le maintenait dans le bien, à force de se faire aimer. Anatole trouvait-il le patronage un peu gênant, ces messieurs vraiment sévères à réprimander pour des riens, Alfred exhortait, suppliait, finissait par tout apaiser, par tout obtenir. Vous l'avez, bien chers amis, observé mainte et mainte fois.

Nous allions oublier une confidence que nous faisait, ces jours derniers, la bonne mère d'Alfred. La modestie de mon garçon était vraiment un peu sauvage, nous disait-elle en nous racontant le fait. C'était le jour de la première communion. Je l'avais paré de mon mieux, cet enfant dont j'étais fière. Pendant la messe, j'avais moi-même tout oublié pour partager, comme malgré moi, le ravissement de notre petit ange. Mais au sortir de l'église, je retrouvai mon amour-propre ; je prétendais qu'Alfred figurât au moins un peu. Oh ! maman, maman, je t'en prie, prenons par ici, par où il n'y aura personne, se mit à répéter Alfred, mais sur un ton si pressant, si suppliant, que sa pauvre mère dut céder après quelques instants d'hésitation et de surprise.

C'est que pour notre Alfred la première communion avait été toute autre chose que le grand jour où le fils de l'ouvrier met pour la première fois un bel habit. La première communion était pour Alfred le terme d'une pieuse attente. Depuis si longtemps il désirait avoir le Bon Dieu dans son cœur : maintenant qu'il le possédait, il voulait demeurer seul à seul avec lui. Tout enfant, Alfred avait aimé à prier. Sa bonne mère nous racontait, les larmes aux yeux, avec quelle dévotion son petit Alfred joignait les mains devant la bonne Vierge de Chaumont en Vexin. Cette bonne Vierge, il ne l'avait jamais oubliée. La preuve, c'est qu'il amassait depuis longtemps pour lui offrir une jolie couronne, en allant au mois de mai faire une visite au pays. A ce propos du mois de mai, vous vous rappelez combien Alfred était exact aux exercices qu'on y pratique pour honorer notre bonne mère. Il arriva qu'une année la maladie le retint au lit justement à cette époque. Vous croyez peut-être qu'Alfred se contenta, pour se dédommager, d'orner l'image appendue à la muraille et de la regarder bien souvent. Vous n'y êtes pas ; il lui fallut le mois de Marie tout entier dans sa chambre. Anatole, dit-il à son frère, tu vas me prendre mon cantique et tu me chanteras chaque soir ce qu'on chante à la paroisse. — Est-ce que tu ne vas pas me laisser jouer, et puis est-ce que je sais chanter ; répondit Anatole un peu brusquement. — Si, mon Tole, mon Tole, tu vas faire cela pour moi. — Anatole, en bon enfant, finit par se laisser fléchir. Du reste, il fallait bien qu'il cédât pour avoir la paix ; ce que voulait l'enfantine piété d'Alfred, elle le voulait fermement.

Ce n'était pas, du reste, pure fantaisie ; c'était sérieusement que le petit Alfred aimait la sainte Vierge et respectait le Bon Dieu. Encore à l'asile, Alfred n'apercevait pas dans la rue une image à moitié déchirée sans la rapporter à sa mère et sans lui dire : Serre cela, maman, c'est quelque chose du Bon Dieu. Ce religieux respect pour le Seigneur et pour ses Saints suivit Alfred jusque dans l'atelier ; jamais il n'y laissa traîner le moindre objet de piété.

Le moment vint en effet pour Alfred, où il fallut échanger la direction si paternelle de son bon maître contre le gouvernement plus rude d'un patron. Ce ne fut pas sans bien des larmes de part et d'autre que la séparation s'effectua. Adieu, Alfred, adieu, nous te reverrons du moins au patronage; disiez-vous tous, nos chers anciens. Vous lui rendiez assez par de tels adieux, chers amis, ce témoignage que, du reste, je ne vous ai jamais entendu rétracter au patronage : Alfred n'a jamais fait une injustice à personne. Et cependant, notre Alfred menait rondement son petit peuple; notre Alfred savait prendre sur son extrême douceur pour faire aller au mur aussi souvent qu'il en était besoin.

Voilà donc Alfred apprenti. L'invariable persévérance dans le travail, dans la sagesse et dans la piété, tel était à l'école le caractère, en vérité surprenant, de la conduite d'Alfred; tel fut aussi le caractère de sa conduite à l'atelier. D'abord, il ne fit pas, vous le savez, cinq ou six maîtres; il se fixa, si je ne me trompe, après le second essai. L'état de ciseleur allait à son tempérament délicat, et ne contrariait pas ses goûts. Il trouva tout de suite le patron excellent, et dès ce jour jusqu'à sa mort, vous eussiez été bien habiles, si vous aviez pu lui arracher une seule plainte contre son maître. Ne vous fait-on pas veiller un peu tard? il nous semble qu'on vous retient un peu longtemps le dimanche? demandions-nous quelquefois à notre cher apprenti. Non, monsieur! non, monsieur! Oh, il est bien bon, mon patron! Oh, je me trouve très-heureux! Le patron pourtant était certe un de ces hommes fermes, ardents à la besogne, desquels il est écrit dans votre véridique almanach : Les mauvais patrons sont les meilleurs. Mais enfin, es-tu bien nourri? disait de son côté la mère. — Oh, oui, très-bien, très-bien! s'empressait de répondre Alfred.

Nous ne pouvons nous empêcher de dire ici un mot de la vertu d'Alfred, vertu bien étonnante au milieu de ce quartier du Temple. Alfred ne pouvait se boucher les oreilles; mais sa langue ne répéta jamais rien de tous ces mauvais discours. Alfred ne pouvait fermer les yeux; mais il ne les détacha jamais de son travail pour suivre les jeux plus ou moins libres qui devaient éveiller en lui, comme en tout autre, la curiosité coupable. Alfred ne se pouvait dispenser de faire des courses; jamais il ne les prolongea pour accompagner un

polisson du voisinage, ni pour contempler l'éta-
lage d'un marchand de plâtres ou d'estampes ; il
aurait trop craint de rencontrer quelque statue,
quelque gravure déshonnête. Et puis, en con-
science, ne devait-il pas tout son temps à son patron? Oh, que l'on entend de vilains mots dans ce
quartier! disait parfois Alfred à sa mère, les premiers jours de son apprentissage. Une vague et
profonde horreur du mal qui l'entourait; voilà
quel fut sur notre Alfred l'unique effet de l'atmosphère de l'atelier, atmosphère toujours si dan-
gereuse, quelle que soit d'ailleurs la surveillance
d'un patron; fût-il aussi vigilant que l'était le patron d'Alfred.

C'est que, tout enfant, notre Alfred avait
écouté sa mère, comme depuis il écouta son
maître; c'est que notre Alfred, à l'asile, avait
déjà grand'peur des gros mots; c'est qu'Alfred,
à l'école, laissait son frère en route, plutôt que
s'attarder. Il était si pressé de retrouver sa bonne
mère, il allait si droit son chemin, qu'il lui arri-
vait de s'apercevoir tout juste en ouvrant la porte
qu'il rentrait seul au logis. Anatole! Anatole!
criait-il alors, croyant son frère au bas de l'esca-
lier... Bah! il est loin, Anatole..., et sa mère lu

répondait par un sourire. C'est qu'Alfred fréquentait tout au plus les meilleurs enfants de l'école. Le temps en a donné la preuve; vous savez ceux qu'Alfred avait choisis. Passent-ils, à l'heure qu'il est, pour les moins bons du patronage? sont-ils assis au dernier rang? Même avec de tels camarades, Alfred ne jouait d'habitude que sous les yeux de sa bonne mère; et quand cette mère vigilante, afin de concilier ensemble et son travail et les ébats de ses garçons, leur désignait ce grand terrain que vous savez, où elle plongait de sa fenêtre, jamais Alfred n'eût dépassé les bornes convenues. Il y a plus, Alfred, apprenti, ne gambadait, ne s'épanouissait que dans le clos du patronage; il sentait qu'au milieu de vous, bien chers amis, il pouvait, sans aucun danger, se livrer aux divertissements de son âge; et lui, en tout autre endroit, si posé, si retenu, il se dissipait, se passionnait tout comme un autre, aux cris toutefois et aux chicanes près, dans nos mémorables parties de barres ou de gare l'âne.

Mais le grand, le principal secret de la merveilleuse innocence d'Alfred, de cette sérénité candide qui reluisait dans sa douce physionomie, et que, vous l'avez vu, le souffle même de la mort avait respectée, c'était sa fidélité constante à fréquenter les sacrements, c'était la fervente piété avec laquelle vous le voyiez s'en approcher. Rien ne vous étonnera plus, chers amis, quand vous vous rappellerez que depuis sa Première Communion, Alfred ne manqua pas une seule fête. Sans doute il lui fallut, pour accompagner son frère à la Table Sainte, le jour où celui-ci faisait sa Première Communion, arriver de la rue des Gravilliers à Grenelle avant six heures du matin; sans doute il lui fallut, pour prendre part à la Communion générale du patronage, le jour de Pâques 1852, se confesser à Grenelle après dix heures et demie du soir, puis courir chercher, boulevard d'Enfer, et son rechange et son lit. Alfred ne regardait point à la fatigue quand il s'agissait de communier, chers amis, et de communier avec vous. Aussi combien n'étiez-vous pas heureux de le suivre à la Table Sainte ! avec quel empressement n'imitiez-vous pas son maintien, si simple et si profondément recueilli ! Vous vous rappelez encore avec quel soin Alfred se disposait à ses confessions, quoiqu'elles fussent si fréquentes. Bien lui en prit, n'est-ce pas, chers amis ; car la confession que fit Alfred, huit jours avant que de tomber malade , faillit être la dernière de sa vie.

Alfred portait depuis cinq à six jours le germe de la fièvre typhoïde, lorsque vous le vîtes au patronage, le dimanche, 23 janvier. Sa mère l'avait surpris ne se soutenant qu'avec peine; elle voulait le retenir. Mais la distribution trimestrielle était annoncée pour le dimanche suivant : un chef de section de moins au patronage eût gêné les préparatifs de la petite solennité; puis Alfred avait tout justement fait faire à son Anatole une magnifique analyse, il tenait à jouir des éloges accordés à son élève. Le soir il eut encore le courage de souper de bon appétit; mais la nuit le mal devint le maître; il dut enfin avouer qu'il souffrait. Il était frappé à mort. Sa poitrine, toujours faible, ne résista point aux accès de la terrible fièvre ! après avoir failli dix fois l'enlever, cette fièvre détermina une sorte de phthisie.

Nous touchons à l'instant où notre cher Alfred donna les preuves les moins équivoques de sa douceur et de sa piété; à l'instant aussi où la divine Providence, où Marie, cette grande protectrice de toute la Société de Saint-Vincent-de-Paul , où saint Joseph, ce patron spécial des écoliers et des apprentis de Grenelle, donnèrent de leur côté les preuves les plus éclatantes de leur tendre sollicitude pour notre cher ami.

Dans les premiers temps surtout, le délire était assez fréquent; eh bien! dans ces longues nuits de luttes terribles, Alfred mêlait sans cesse aux souvenirs du patronage quelque pieuse prière. N'ayant le jour d'autre repos que celui de l'accablement, il n'oubliait pas pour cela de nous sourire, de nous remercier affectueusement à la fin de nos visites. L'irritation nerveuse occasionnée par de longues douleurs et surtout par l'insomnie, rendait inévitables de légères impatiences. Mais nous ne l'entendîmes pas une seule fois se plaindre de ses souffrances ou de Dieu; comme il nous est, hélas! arrivé, en visitant d'autres malades, même de son âge! Il se distrayait en contemplant les pieuses images qu'il avait gagnées à la Sainte-Famille ou qu'il avait achetées aux ventes du patronage. Essuie-moi mes tableaux, disait-il à sa mère, la veille de sa mort, je ne les vois plus assez.

Alfred eut une joie vers le milieu de sa longue maladie; ce fut lorsqu'il vit Anatole lui rapporter, outre ses prix, outre ses neuf mentions à la distribution trimestrielle, le témoignage particulier d'affection qu'y avait voulu joindre monsieur le chanoine, attentif, comme vous le connaissez, à saisir toutes les occasions de vous témoigner son affection paternelle. Mais la joie d'Alfred fut modeste, quoique ce dernier triomphe fût le plus beau que l'on eût encore vu. Du reste, jamais le livret d'Alfred n'avait porté d'autre note que très-bien, et je ne sais si vous avez jamais, à la réunion, entendu tomber sur lui vingt ou quarante cachets d'amende.

L'heure approchait pour Alfred de recevoir une autre récompense, et de vous prouver hautement dans sa personne que celui qui aime Marie et qui l'invoque ne sera jamais abandonné.

Deux fois vous l'aviez cru sauvé. A grande peine écartés de son lit par les défenses formelles que nous avait dictées la nature contagieuse de son mal, vous vous étiez dédommagés de cette privation en priant de si bon cœur pour lui! Vous étiez si fidèles à réciter pour lui, chaque dimanche, l'*Ave Maria* traditionnel! Plusieurs même avaient, à la fête de la Chandeleur, communié pour leur Alfred. La bonne Mère et saint Vincent lui préparaient bien mieux que vous n'aviez demandé.

Par une suite de circonstances qu'il serait trop long de rapporter ici, malgré nos quarante visites au moins; malgré le désir qu'Alfred nous avait exprimé, dès les premiers jours, de recevoir le Bon Dieu; le vendredi, 4 mars, Alfred n'était pas encore administré. Alfred, cependant, présentait tous les symptômes d'une dissolution prochaine. Mais le lendemain était le premier samedi de notre mois de saint Joseph. Saint Joseph et Marie avaient attendu ce jour pour faire éclater leur sollicitude à l'égard de leur cher protégé. Vous aviez tous remarqué la ferveur naïve avec laquelle Alfred écoutait, le jour de Noël, dans la petite chapelle de la rue du Commerce, l'instruction préparatoire à la réception du saint scapulaire. Une fois qu'il l'eut reçu des mains de notre si bon et si vénérable curé, toujours prêt, vous le savez, à oublier ses fatigues pour encourager la sagesse et la piété de ses chers apprentis, Alfred ne quitta plus un instant le précieux habit de Marie. Il arriva que dans sa maladie, on fût un jour obligé d'en morceler les cordons : il exigea qu'en attendant, les débris de son scapulaire demeurassent sous son chevet. Vous n'avez pas manqué de nous le répéter, chers amis, le jour où nous accompagnions la dépouille mortelle d'Alfred, la sainte Vierge a promis de ne pas laisser mourir sans confession le chrétien fidèle à conserver pieusement ses livrées. La sainte Vierge tint parole, cette fois comme toujours. Le samedi, à 8 heures du matin, apparaît une bonne sœur de Saint-Vincent-de-Paul. Elle trouve notre malade si proche de sa fin, qu'elle n'hésite pas à lui demander, sans préambule, s'il ne serait pas bien aise de se confesser. — Oui, ma sœur, oui, ma sœur, répond Alfred à plusieurs reprises et d'un ton ferme, malgré les larmes de sa mère; larmes pourtant auxquelles il était plus sensible qu'à ses souffrances personnelles; car nous l'avions entendu la veille nous dire avec l'accent d'une profonde tristesse, en regardant sa mère éplorée : — Elle pleure toujours, maman! Averti par la sœur, le prêtre arrive, Alfred se confesse en pleine connaissance et reçoit les derniers sacrements avec une piété qui faisait dire aux assistants : — Non, jamais nous n'avons vu de jeune homme s'en aller ainsi!

Pendant les six quarts d'heure qu'Alfred survécut, la ferveur de sa piété ne se ralentit pas, malgré ses cruelles souffrances. — « Papa, « donne - moi le Christ de M. * * *, que je « le baise encore une fois... et toi, papa, tu « vas le baiser aussi... Donnez - moi la sainte « Vierge de la sainte famille, que je l'embrasse... « Oh, maman, mes jambes s'en vont... on me « prend, on m'emporte dans le ciel!... Adieu, « mon Anatole... adieu, ma bonne Léocadie... « adieu, papa... adieu, maman... il n'y a plus « personne! mais ça ne fait rien! » Telles furent ses dernières actions et ses dernières paroles.

Vous avez tous admiré, bien chers amis, la coïncidence providentielle de sa sépulture avec l'heure de notre réunion du dimanche. Alfred vous avait si souvent conduits à l'église, il vous avait si bien appris à y louer le Bon Dieu, il était naturel que vous y suiviez ses précieux restes, en priant le Bon Dieu pour lui. Vous l'avez presque tous contemplé sur son lit de mort, presque tous vous l'avez accompagné à sa dernière demeure. Les impressions salutaires que cette triste cérémonie a faites sur vos âmes, vous les conserverez longtemps; puissent-elles ne s'effacer jamais !

Dans vos visites à sa pauvre mère, vous l'avez entendue chaque fois laisser, au milieu de ses sanglots, échapper ces paroles : Non jamais, je ne retrouverai un enfant qui me soigne et qui me console ainsi! Comme il accourait chaque dimanche, épiant avant d'entrer si je ne composais pas mon visage pour lui cacher ma fatigue ou mon chagrin! et pour ma fête, et pour le jour de l'an, il travaillait plusieurs mois à l'avance. Oh! que ces boucles d'oreilles me pèsent! c'est lui qui les a ciselées. Vous le saviez depuis longtemps, chers amis, Alfred n'avait de joies, de petites épargnes, d'épanchements affectueux et tendres que pour en faire part à sa mère. Le jour même de son enterrement, vous entendiez son patron, si affligé de changer en l'accomplissement d'un triste devoir sa visite de chaque dimanche, nous dire et nous redire : Le pauvre Alfred! ah! quel dommage! c'est un bien bon sujet de moins! et vous ajoutiez tous de concert : Alfred! oh! c'était sans contredit le meilleur enfant d'entre nous.

Vous lui avez prodigué volontiers tous les petits honneurs que vous lui pouviez rendre; vous en rêviez d'autres encore; nous avons voulu nous associer à votre pieux empressement. Surtout nous ne cesserons jamais de prier comme vous avez prié tous, et au saint sacrifice de la Messe, et chaque matin, et chaque soir. Espérons que ce cher camarade, s'il n'est déjà en possession du Ciel, y sera bientôt admis, grâce à votre fraternel souvenir. Alors nous ressentirons tous les effets d'une amitié qu'il nous garde plus fidèlement encore que nous ne lui pouvons garder la nôtre.

J. M. J.

www.ingramcontent.com/pod-product-compliance
Lightning Source LLC
Chambersburg PA
CBHW061822060726
47597CB00008B/3316